Schaukeln

(Menge)

von David E. McAdams

Copyright © 2015. Life is a Story Problem LLC.
All rights reserved. No part of this work may be copied, stored or transmitted by any means without the express written consent of the copyright holder.

Alle Rechte vorbehalten. Kein Teil des Werkes darf in keiner Weise ohne die ausdrückliche schriftliche Genehmigung des Copyright-Inhabers kopiert, gespeichert oder übertragen werden.

Für weitere Informationen siehe Website des Autors bei http://www.DEMcAdams.com.

Andere Bücher von David E. McAdams

Papageienfarben – Eine Einführung in das Konzept der Farben. Für Vorschulkinder.

Blütenfarben – Eine Einführung in das Konzept der Farben. Für Vorschulkinder.

Weltraumfarben – Eine Einführung in das Konzept der Farben. Für Vorschulkinder.

Formen – Eine Einführung in Formen. Für Vorschulkinder.

Zahlen – Eine Einführung in den Zahlenbegriff. Für Kinder im Alter von 5–7 Jahren.

Was ist größer als alles? (Unendlichkeit) – Eine Einführung in das Konzept der Unendlichkeit. Für Kinder im Alter von 8–12 Jahren

Schaukeln (Menge) – Eine Einführung in die Mengenlehre für Kinder. Für Kinder im Alter von 7–10 Jahren.

One Penny, Two – (auf Englisch) Wenn sich Sigs Penny jeden Tag verdoppelt, wie lange dauert es dann, bis er einen dunkelgrünen Sportwagen kaufen kann? Für Kinder im Alter von 9–12 Jahren.

Learning With Money Activity Kit – (auf Englisch) Bringen Sie große Zahlen und das Zählen mit über 1.000.000 US-Dollar Spielgeld bei.

Meine Lieblingsfraktale (Bände 1, 2) – Bilderbücher mit wundersamen Fraktalen, präsentiert als hochauflösende Bilder. Für jedes Alter.

All Math Words Dictionary – (auf Englisch) Ein Mathematikwörterbuch für Schüler der Voralgebra, Algebra, Geometrie und Vorkalküle. Ab 12 Jahren.

Die ersten Millionen Ziffern von Pi – Die ersten Millionen Stellen von Pi. Für jedes Alter.

Die erste Million Ziffern von e – Die ersten Millionen Stellen der Eulerschen Konstante e. Für jedes Alter.

Quadratwurzel aus 2 bis einer Million Ziffern – Die ersten Millionen Ziffern der Quadratwurzel aus 2. Für jedes Alter.

Die ersten hunderttausend Primzahlen – Die ersten hunderttausend Primzahlen. Für jedes Alter.

Orders of Ten – (auf Englisch) Ein Buch, das Zehnerordnungen mit Punkten veranschaulicht (1, 10, 100, … Punkte). Für Kinder im Alter von 10–15 Jahren.

Geometrische Netze - Projektbuch – 80 geometrische Netze zum Kopieren, Ausschneiden und Zusammenkleben zu dreidimensionalen Polyedern. Ab 9 Jahren.

Geometric Nets Mega Project Book – (auf Englisch) 253 geometrische Netze zum Kopieren, Ausschneiden und Zusammenkleben zu dreidimensionalen Polyedern. Ab 9 Jahren.

Eine aktuelle Liste finden Sie unter www.DEMcAdams.com.

Dies ist eine Menge der Schaukeln. Eine Menge der Schaukeln ist eine Gruppe von Schaukeln, die aus dem gleichen Pol hängen. In der Mathematik sind Mengen sehr wichtig. Alle Mathematik verwendet der Mengen. Dies liegt daran, alles zu Mengen gehört.

Schaukeln

Eine Menge ist eine Gruppe von Objekten. Diese Objekte können alles sein. Eine Menge kann alle Sterne in den Himmel sein. Eine Menge kann all die Äpfel an einem Baum sein.

Eine Gruppe von Objekten ist eine Menge, wenn Sie sagen kann, ob ein Objekt zur Menge gehört. Können Sie sagen, ob etwas eine Schaukel ist?

Schaukeln

Eine Schaukel ist etwas, das hin und her schwingt, dass Kinder reiten auf kann. Man kann sagen, ob etwas eine Schaukel ist, wenn es hin und her schwingt, und wenn Kinder auf ihm reiten.

Schaukeln

Der Junge sitzt auf einer Wand. Gibt es eine Wand hin und her schwingen? Nein, tut es nicht. Können Kinder an einer Wand fahren? Naja, so ungefähr. Da eine Wand nicht hin und her ausschlägt, ist es nicht eine Schaukel.

Schaukeln

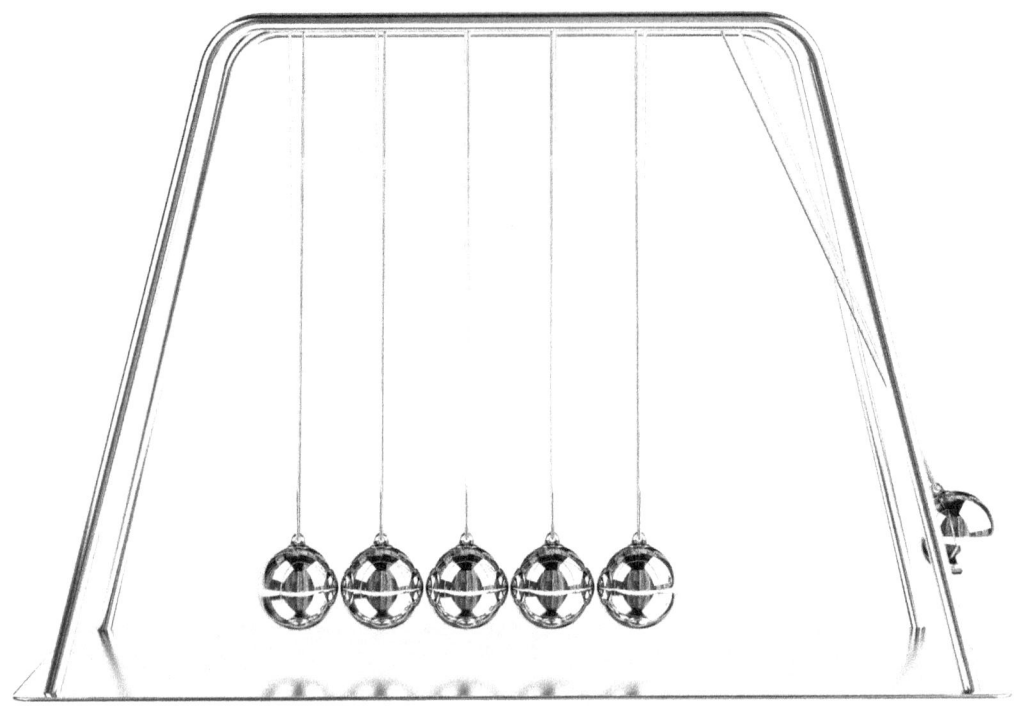

Dies ist ein Spielzeug Kugelstoßpendel genannt. Der Ball schwingt hin und her. Können Kinder auf einem Ball auf Kugelstoßpendel reiten? Nein, es ist zu klein, zu reiten. Eine Kugel auf Kugelstoßpendel ist nicht eine Schaukel.

Dies ist ein Reit Spielzeug. Können Kinder auf einem Reit Spielzeug reiten? Ja, Sie können Kinder auf einem Reit Spielzeug reiten. Hat das Reiten Spielzeug hin und her schwingen? Es kann hin und her bewegen, aber es nicht hin und her schwingen. Ein Reit Spielzeug ist nicht eine Schaukel. Es ist nicht hin und her schwingen.

Schaukeln

Dies ist ein Reifen auf einer Kette. Hat ein Reifen auf einer Kette hin und her schwingen? Ja, ein Reifen auf einer Kette hin und her schwingt. Können Kinder auf einem Reifen auf einer Kette fahren? Ja, Kinder können an einer Kette auf einem Reifen fahren. Ein Reifen an einer Kette ist eine Schaukel.

Schaukeln

Eine Menge ist eine Gruppe von Objekten, die dem Menge gehören. Wenn Sie sagen können, welche zu einer Menge der Schaukeln einer Schaukel gehören, dann ist es eine Menge. Die Bilder zeigen zwei Megen der Schaukeln. Können Sie Mengen der Schaukeln die Schaukeln gehören zu denen sagen? Wenn zwei Schaukeln von der gleichen Bar hängen sind sie im gleichen Menge.

A B C D E F G H I J K L M
N O P Q R S T U V W X Y Z

Großbuchstaben

Mathematiker verwenden Großbuchstaben Mengen zu beschriften. Die Großbuchstaben sind *A*, *B*, *C*, *D*, *E*, *F*, *G*, *H*, *I*, *J*, *K*, *L*, *M*, *N*, *O*, *P*, *Q*, *R*, *S*, *T*, *U*, *V*, *W*, *X*, *Y* und *Z*. Mathematikern verwenden Kleinbuchstaben Mitglieder der Mengen zu beschriften. Die Kleinbuchstaben *a*, *b*, *c*, *d*, *e*, *f*, *g*, *h*, *i*, *j*, *k*, *l*, *m*, *n*, *o*, *p*, *q*, *r*, *s*, *t*, *u*, *v*, *w*, *x*, *y*, und *z*. Mathematiker verwenden Kursivschrift für Etiketten. Kursivschrift sind abgeschrägt. *Dieser ganze Satz ist mit Kursivschrift geschrieben.*

Kleinbuchstabe

a b c d e f g h i j k l m n o p
q r s t u v w x y z

Schaukeln

Hier sind zwei Mengen der Schaukeln. Einer der Mengen der Schaukeln ist *A*. Es markiert Anrufen "Menge *A*." Der andere Mengen der Schaukel ist *B*. Es markiert Anrufen "Menge *B*."

Schaukeln

Hier sind die gleichen zwei Mengen der Schaukeln. Nun sind die Schaukeln auch beschriftet. Die Schaukeln in Menge der Schaukeln *A* sind *a*, *b*, *c* und *d* bezeichnet. Die Schaukeln in Menge der Schaukeln *B* gekennzeichnet sind *e*, *f*, *g*.

Schaukeln

Schaukel *c* gehört Menge der Schaukeln *A*. Wir sagen Schaukel *c* ist ein Element der Menge der Schaukeln *A*. Wir auch, dass Schaukel *c* sagen kann, ist ein Mitglied der Menge der Schaukeln *A*.

Schaukeln

Mathematiker haben ein besonderes Symbol, etwas zu zeigen, ein Element eines Menge ist. Das Symbol ist ∈. Wenn Sie $c \in A$ schreiben, sagen Sie, dass die Schaukel c gehört Menge A. Sie sagen, dass Schaukel c ist ein Element der Menge der Schaukeln A.

Schaukeln

Haben Sie das universelle Symbol für nicht gesehen? Es ist ein Kreis mit einer durchgehenden Linie.

In der Mathematik bedeutet eine Linie, die durch ein Symbol "nicht". Das Symbol für "ist ein Mitglied des Satzes" ist:

Das Symbol für "kein Element der Menge" hat eine Linie, die durch sie:

Ist Schaukel *c* ein Element der Menge *B*? Schaukel *c* ist nicht ein Element der Menge *B*. Schreiben '$c \notin B$' zu sagen, Schaukel *c* gehört nicht auf Menge *B*. Hier sind alle Schaukeln und die Mengen sie gehören nicht zu: $a \notin B$, $b \notin B$, $c \notin B$, $d \notin B$, $e \notin A$, $f \notin A$, $g \notin A$.

Eine Mengen von schaukeln ist nur eine Art von Set. Einige andere Mengen sind:
- Alle Menschen, die in einer Stadt leben.
- Alle Bananen in eine Schüssel geben.
- Alle Mädchen in einem Klassenzimmer.

Schauen Sie sich um Ihr Haus und Klassenzimmer und finden Sie heraus, wie viele verschiedene Mengen, die Sie sehen können.

Schaukeln

Aktivität: Zuordnung von Objekten zu Mengen

Diese Aktivität ist eine große Aktivität für die Reisen. Haben Sie Papier und Stifte bereit.

1. Vereinbaren die Mengen und den Definitionen der Mengen. Stellen Sie sicher, dass die Definitionen klar sind. Wählen Sie Mengen, so dass ein Objekt nur einen Menge gehören.
2. Lassen Sie jedes Kind ein Feld für jede Menge auf dem Papier zu machen.
3. Als ein Objekt, das in eine Menge gehört gefunden wird, haben das Kind den Namen des Objekts in den Boxen der Mengen, auf die schreiben das Objekt gehört.
4. Wichtig: Moderate die Diskussion darüber, ob ein Objekt die Definition der Menge erfüllt.
5. Wenn ein Kind etwas findet, die die Definition der Menge erfüllt, aber nicht normal aufgenommen werden würde, loben das Kind ein ungewöhnliches Beispiel für die Suche.

Beispiel:

Die Menge die Menge der Zeichen sein. Ein Zeichen ist etwas, mit dem Schreiben auf sie, die nicht Teil eines Gebäudes ist. Ein Schild kann an dem Gebäude angebracht werden, ist aber nicht Teil des Gebäudes.

Eltern / Lehrer Hinweise:

In diesem Buch werden Kinder die natürliche Fähigkeit, Objekte zu klassifizieren, das Konzept eines Mengen und die Mitgliedschaft in eine Menge einzuführen.

Mengen sind von grundlegender Bedeutung für die moderne Mathematik. Jedes Prinzip der Zahlentheorie , Arithmetik, Algebra, Geometrie, Trigonometrie und Analysis wird in Bezug auf die Mengen definiert. Ein frühes Verständnis der Prinzipien, die Sprache und Notation der Mengen wird ein Kind vorbereiten höhere mathematische Konzepte schnell zu absorbieren und gründlich.

Eine Definition eines Mengen ist ", eine Sammlung von Objekten, bei denen es bekannt ist, ob ein bestimmtes Objekt ein Element der Menge ist." Eine "Sammlung" ist jede Gruppierung. Ein "Objekt" kann alles sein; ein Spielzeug, eine Zahl oder sogar eine anderer Menge. 'Mitgliedschaft' ist ein kritisches Konzept hier. Um einen Menge zu bilden, muss man in der Lage sein, genau zu sagen, was in der Menge enthalten ist und was in der Menge ist es nicht. Jeder Menge muss klar definiert sein.

Dieses Buch beginnt mit einer Definition für die Typen von Objekten, die in eine Menge und eine Definition für jede Menge aufgenommen werden können.

> "Eine Mengen von schaukeln ist eine Gruppe von Schaukeln, die aus dem gleichen Pol hängen. Eine Schaukel ist etwas, das hin und her schwingt, dass Kinder reiten auf kann."

Schaukeln

Diese Definition wird im ganzen Buch betont. Wie Sie dieses Buch mit Ihrem Kind besprechen, betonen die Definitionen und ob Objekte in dem Buch nicht gefunden erfüllt die Definitionen.

Dieses Buch lehrt das Kind, wie aus einer Situation beteiligt Mengen eine mathematische Aussage wie $f \in B$ zu bilden. Dieses Buch lehrt auch das Kind, wie eine mathematische Aussage zu übersetzen in eine Menge in Worte ausdrücken Mitgliedschaft.

Um dies zu beheben, das Konzept, Wortschatz und Notation in einem Geist des Kindes, haben das Kind gemeinsame Objekte in Gruppen unterteilen , dann beschreiben und schreiben über die Mengen, Wörter und mathematischen Notation. Stellen Sie Fragen wie "Ist diese Puppe ein Element der Menge von Blöcken?" Lassen Sie das Kind Großbuchstaben Mengen zuweisen und Kleinbuchstaben zu Objekten. Lassen Sie das Kind nach unten Mitgliedschaft Aussagen schreiben wie $f \in B$ und $e \notin B$. Haftnotizen eignen sich gut für diese.

Worte die man kennen sollte

gehören

Element

Etikette

Objekt

Menge

Symbol

Schaukeln

Bildnachweis

Abdeckung, Tom Schmucker
Metall-Menge in einem Park, Seite 1, Scott W.
Apfelbaum, Seite 2, John Johnson
Mädchen in einer Schaukel, Seite 3, Gorilla
Porch Menge, Seite 3, Ardith Shishmian
Holzschaukel, Seite 3, Vaide Seskauskiene
Mädchenschwingen in den Himmel, Seite 4, Tom Schmucker
Junge, der auf einer Wand, Seite 5, Jo Ingate
Kugelstoßpendel, Seite 6, Denis Kotist
Mädchen auf einer Feder Pferd, Seite 7, Anna Karwowska
Reifen-Schaukel, Seite 8, Sonya Etchison
Schaukel am Strand, Seiten 9-16, Tormod G. Rossavik
Schaukel mit Bäumen hinter, Seiten 9-16, James Skelton
Die Menschen in der Stadt, Seite 17, Kristina Gruzdeva
Schüssel Bananen, Seite 17, Ayesha Wilson
Kinder in einem Klassenzimmer, Seite 17, Tatiana Belova

www.ingramcontent.com/pod-product-compliance
Lightning Source LLC
Chambersburg PA
CBHW080444090526
44586CB00047B/2481